소금꽃이 필 때면

정인환 시집

인지
생략

들꽃시선 134
소금꽃이 필 때면

지은이/정인환
펴낸이/문창길
초판인쇄/2016년 12월 25일
초판펴냄/2016년 12월 30일
펴낸곳/도서출판 들꽃
주 소/100-273 서울 중구 서애로 27(필동3가) 서울캐피탈빌딩 B202호
전 화/02)2267-6833, 2273-1506
팩 스/02)2268-7067
출판등록/제2-0313호
E-mail:dlkot108@hanmail.net

값 8,000원
* 파본된 책은 바꾸어 드립니다.

ISBN 978-89-6143-197-2 04810
ISBN 978-89-951327-0-1(세트)

들꽃시선 134

소금꽃이 필 때면

정인환 시집

들꽃

| 추천사 |

인생 번뇌와 사색이 고스란히 묻어나

실로 오랜만입니다. 삶과 사랑, 행복의 길이 혼란스럽던 20대, 그 비밀을 진득이 살아내는 과정에서 얻기보다 답을 먼저 구하려 했던 시절, 시집을 곁에 두고 위안 삼았던 이래 다시 시를 펼쳐 보았습니다.

독일의 철학자 니체는 일찍이 '신은 죽었다' 고 했지만 다른 한편으로는 '시는 죽었다' 고 할만한 세상입니다. 온라인서점에도 시 리뷰를 쓴 사람은 거의 없을 정도입니다.

연애를 하면 누구나 시인이 된다고 합니다. 세상의 모든 것들이 새롭게 보이고 사소한 것들에도 의미를 느끼는 감정의 빅뱅이 일어나는 시기이기 때문일 겁니다. 하지만 점점 삶에 부대끼고 온 몸이 '현실' 을 감각하는 데 곤두세워지면서 심장에 굳은살이 베긴 건 아닌가 싶습니다. 때론 그것을 달관이라고 자위하지만 사실 무감각해진 나를 발견합니다.

정인환 시인의 시들은 그런 마음에 단비를 내려줍니

다. 첫 시집 『뜨개질하는 女人』(1992)에 이어 제2시집 『二月은 이틀이 모자라고』(1996), 제3시집 『잠자리는 날개를 접지 않는다』(2000), 제4시집 『외딴집 수채화』(2008)를 통해 메말라 갈라진 마음에 생명수를 채웠습니다. 그리고 이번에는 다섯 번째 시집 『소금꽃이 필 때면』으로 차갑게 굳은 심장을 덥힙니다.

시인과 다른 인생을 살아왔겠지만 간결한 詩句, 그 여백에서 또 다른 나를 발견합니다. 지나 온 시간을 추억하고 지금의 내 일상에 감정을 한껏 이입하며 다가 올 순간을 살게 할 숨통이 돼 줍니다.

시인에게도 시는 삶 그 자체이겠지요. 이번 시집에도 78편의 삶의 노래가 담겼습니다. 행복, 사랑, 그리움, 인간, 뉘우침, 향수 등 인생에 대한 번뇌와 사색이 고스란히 묻어납니다. 창작의 고통이 얼마나 클까 생각하면서도 책장을 넘길 때마다 '시를 쓰면서 참으로 행복했겠구나' 부러움이 앞섭니다.

'지하철 시보 앞에서' 는 그런 시인의 모습을 훔쳐 본 것 같은 느낌입니다.

지하철 승강장에서 무심코 / '해남 가는 길' 시를 읽다가 / 타야할 열차가 지나가는 줄도 모르고 / 고향에 계실 어머니를 만나러 / 땅끝 마을로 가는 그 시인과 함께 / 나도 같이 헤매다가 / 또 전철을 놓치고 망연히 / 아직

도 시 앞에 서있는 / 나를 뒤늦게 발견했다

시를 우리가 죽였으니 살릴 수 있는 것도 우리겠지요. 그렇게 많은 이들이 멈출 줄 알았으면 싶습니다. 그래서 지하철을 놓치는 일이 더 많아졌으면 좋겠습니다.

2016년 겨울

하윤수 한국교총 회장, 부산교대 총장

| 평설 |

깊은 묵상과 낯선 곳에서의 사색

올해(2016년)는 노래하는 음유시인 밥 딜런이 노벨 문학상을 받았습니다. 스웨덴 한림원은 “위대한 미국의 노래 전통 안에서 새로운 시적 표현을 창조해냈다”며 선정 이유를 밝혔습니다. 그렇습니다. 더 이상 문학이나 시는 순수한 진공 속에 머물지 않습니다. 기원전 5세기 그리스시대의 문학은 모두 ‘노래로 불려지는 것’을 의미했습니다. 축제에서 술에 취해 흥얼거렸고, 전쟁에서 이긴 뒤 영웅이나 신을 찬양하기 위해 외쳤으며, 또한 사랑하는 사람에게 읊어주는 노래들이 모두 시였고 문학이었습니다. 어찌 서양 뿐이겠습니까? 중국의 공자가 편찬한 ‘시경詩經’은 모두 ‘시詩’였습니다. 운율과 후렴구까지 맞춰 놓아 분명 입으로 불렀던 노래였습니다. 그렇습니다. 지금 동양과 서양은 모두 돌고돌아 원점으로 돌아왔습니다. 다시 문학의 원형질을 시詩에서 찾고 있는 것입니다.

정인환 시인의 1~5권의 시집을 읽으며 밥 딜런을 떠올렸습니다. 우리에게 익숙한 것들에서 우리가 몰랐던 새로운 사실을 깨우치게 하는 시들을 보며 무릎을 쳤습니다. 제2시집의 『二月은 이틀이 모자라고』를 봅시다.

(…) 아마도 이틀이 모자라는 이유는/그 많던 상처들을 지워 버리라고 하루/그 숱한 추억들을 망각하라고 하루(…)

더 이상 무슨 말이 필요할까요? 이만큼 2월에 대한 새로운 해석이 나올 수 있을까요? 제3시집의 『잠자리는 날개를 접지 않는다』도 그렇습니다. (…)오직 하늘만을 고집하면서/날개 한번 접지 아니 하고/큰 눈에 들어박힌 하얀 뭉게구름의/향수를 그리면서/그들의 영토로 날아오른다

잠자리는 새와 달리 날개를 접지 못합니다. 우리가 흔히 보고 지나치는 잠자리의 펴진 날개에서 시인은 하늘과 고향을 떠올립니다. 그래서인지 정인환 시인은 제4시집에서 고향인 벌교를 자주 읊었던 모양입니다. '벌교 찬가' 에 이어 '벌교 예찬' 이 나옵니다.

(…)제석산,부용산에서 내리는 서늘한 자유의 기상과/반짝이는 고기떼를 밀어올리는/여자만의 평화스런 풍요로움으로/만만세세 영원하여라

시인에게 벌교는 제석산과 여자만의 아름다움에 머물지 않습니다. 그 고향을 만세토록 영원하기를 기원하는 숭배의 반열에까지 올려놓았습니다. 정 시인의 이번 제

5시집은 깊은 묵상과 낯선 곳에서의 사색이 눈에 띕니다. '소금 꽃이 필 때면' 이 대표적입니다. 새 하얀 바다의 꽃을 보기 위한/소망의 꿈 하나 있으니/(…)/소녀의 기도로/(…)/한 낮의 태양은 드디어/하이얀 소금 꽃을 피운다. 소금 꽃이 피기까지의 수도승과 같은 기도와 갈구가 묻어납니다.

시인은 '영산홍가에서' 를 읊으며 나주에서 홍어를 맛보기도 합니다. 바다가 삭혀낸 그 홍어의 정취를 맛보며 세월이 세상사마저 삭혀낸다고 했습니다.

전북 진안에 들러서는 '마이산의 비밀' 도 엿봅니다. 온 몸을 한반도의 중심에 묻어 둔 채로/오직 두 귀만을 내놓고서/어떤 얘기를 들어 전하고 있는가/ (…)/삭풍이 몰아치는 겨울의 아침/민족의 대지 고조선을 향한/거친 말울음의 비밀을 누가 알랴.

가만히 정 시인의 시들을 읽고 읊어 봅니다. 낯익은 사물, 익숙한 곳에서 새로운 사실을 곱씹게 만듭니다. 어느새 밥 딜런이 가까이 다가와 있는 느낌입니다. 저는 바로 이런 시의 원형질이 좋습니다.

2016년 겨울

이철호 중앙일보 논설주간

| 소금꽃이 필 때면 |

차례

| 소금꽃이 필 때면 |

제3부 세상을 살아가다 보면

| 소금꽃이 필 때면 |

제4부 가을꽃 겨울나무

제5부 보성 차밭에서

제6부 지금 이 자리에서

제7부 임진강나루 반구정

| 소금꽃이 필 때면 |

제8부 남도 기찻길

제 1 부

소금꽃이 필 때면

당신의 향기

비 오는 날 드넓은 창가에 앉아
우수에 찬 나에게 누군가 등을 어루만지며
서 있는 사람이 당신이었으면 하고 기대가 돼요.

눈 내리는 날 혼자서 길을 걷다가
발자국이 외로워 누군가를 부르며 찾을 때
함께 걸어줄 당신이 왔으면 하고 기다려져요.

삶-이란 어쩌면 혼자가 아닌
의지하고 살면서 괴롭고 힘겨울 때 안기며
기댈 가슴이 당신인 그 고마움에 기도를 해요.

간절하면 할수록 보이지 않고
저 너머에 그래서 더 그립고 더 사랑하면서
깊고 그윽한 당신의 향기에 흠뻑 젖어봅니다.

비움

욕망의 벽을 침식하여
사랑으로 운반하고
행복으로 퇴적되어 갑니다.

빗살무늬

어딘가에 내가 알 수 없는 곳에서
활짝 핀 꽃으로
그렇게 화사한 너의 미소로
빛나는 새 아침은 오고

여기 네가 모르는 곳에서
개울가 나무처럼
이렇게 노을 속 나의 침묵으로
고요한 담황색 저녁이 온다.

어디서든 우리 서로를 위해
그런 아침과 저녁의 빗살무늬가 된다

동행

길을 둘이서 나란히 걸어갑니다.

둘이는 발을 맞추며 잘 걷습니다.

그러다가 한동안 발이 엉킵니다.

한참 후

또 다시 발이 맞춰져 다정히 걸어갑니다.

소금꽃이 필 때면

바람을 만들고
태양을 떠올리는 수평선 위로
소녀의 눈빛은 멀기만 하다.

기도하는 손끝에 반짝반짝 빛나는 소망 하나로
새 하얀 바다의 꽃을 보기위한
소망의 꿈 하나 있으니

하늘색 바다로 간 먼 이별이
이제는 파로스 등대의 불빛으로 찾아드는
환한 웃음의 새하얀 빛을 보기 위함이요

함정의 붉은 핏방울의 영혼과
해선의 굵은 땀방울의 열정이
순백의 꽃으로 피어나기를
바닷물을 퍼 올리는 수차 옆의 소녀는
간절하기만 하다

그 누구의 눈물도
그 누구의 아픔도
함께 보듬어 모두 삭히고
흰 눈발 같이 가슴 속에 소복이 쌓이는
하얀 꽃을 피워 달라고 애원한다.

소녀의 기도로
그렇게 바닷물은 몇 번을 뒤집었다 펴고 다독거리고
다듬어서
한 낮의 태양은 드디어
하이얀 소금꽃을 피운다.

향기

오랜 침묵이 깨어질 때의 울림

빛과 소리가 부딪힐 때의 떨림

짓눌린 아픔이 터트려지면서의 설렘

달에게 묻는다

그믐달이 지고 초승달이 뜰 때까지
달 없는 밤
너는 어디에 있었느냐

쌓고 허무는 일 그 반복을 준비하고 있었는가
나를 잠시 잊어달라고 하는가
그 것도 아니면 영토를 온전히 별들에게 내어주기 위해서 였는가

시골 할매

손주녀석 어리광이 보고 싶어서
또 이 빠진 채소 광주리를 이고 나섰습니다.

난장바닥 정류소 옆 모퉁이에
눈치껏 자리를 폈습니다.

한낮이 지나면서
꼬부랑오이가 더 구부러지고
가지는 쭈그러들고
호박잎은 말라 손등을 닮아 갑니다

시골 할매의
속내까지 사줄 사람을
기다리고 있습니다

봄비를 맞으며

우리가 봄비를 맞으며 걷는 것은
마른 가슴을 적시려 나서는 것이네

기다림의 그 끝 가는 곳
쌀랑한 가슴을 헤집고
파고드는 늘 그리워했던 손길처럼

그때는 왜 몰랐을까
가는 빗줄기가 아려오는 생채기를
그토록 그윽한 추억을 빗질해 준다는 것을

우리는 지난 날 온 몸을 뜨겁게 불사르며
하얗게 하얗게 재가 된 가슴을
그리움으로 간직하고 있는 것이
사랑인줄로만 알고 있었는데

그런데 오늘 내리는 봄비는
비가 아닌 다정한 소리로 속삭여 오네요.

향기가 나지 않는 것은 추억이 아니라는 것도
우리가 봄비를 맞으며 걷는 것은
고요히 그리움을 말갛게 씻어내는 것인지도
모를 일입니다.

장애長愛

들음 없이 말하게 함은
마음을 전하라는 것이요

보이지 않고 들리게만 함은
진실한 울림만을 들려주는 것이요

말없이 보기만 하라는 것은
본 것조차도 가슴 속에 묻어 두라는

깊고도 크신 사랑이겠지요

목로주점

사발막걸리와 친구가 생각이나면
목로주점의 주등이 흔들린다.

겨울의 보리와 여름의 쌀이 익어
한 이불 뒤집어 쓰고 합환주가 된
막걸리가 주호들을 기다리고 있잖은가

술잔거리 걱정없는 목로주점이
그렇게 세상을 부르고
그래서 인생이라 부른다

탁주 한 사발 주향에
나물 한 젓가락 술국 한 수저면
그만인 것을

목로주점의 사발막걸리 집을
다시 찾는 이유는
그런 풍경으로

익어가기를 바라기 때문인 줄도 모른다.

영산홍가에서

나주 영산동 영산홍가에
바다를 삭혀낸
홍어의 정취를 보러 가자

마분지 뒤집어 쓴 옹기 속
사나흘 푹 자고난 후
오묘한 향기로 세상을 찌르네

서화 걸린 가야금줄 위로
옛 친구 시조 가락에
아랫목의 청주와 삼합이 되어

세상사 삭혀내는 영산홍가

독도

핏줄과 뼈를 이어
동해에 우뚝 솟구쳐 올라
영토를 지키는 파수꾼 되어

승리를 외치며
조국의 역사를 지키려
평화의 깃발이 되어서

민족의 얼 님을 향한
전진의 기상으로
대한의 기수로 당당한 독도

소나기 쏟아지던 날

하나의 빗방울이
험한 언덕과 깊은 계곡에서
부딪힌 멍 자국이 푸른색의 물결이 되듯이

하나의 핏방울이
격노의 동공과 고뇌에 찬 몸 속을
씻어온 핏줄이 파란색의 바람길이 되어

세상을 향한 절규로
움켜 쥔 손바닥을 쥐었다 펼 뿐입니다.
오늘은 소나기가 쏟아지고 있습니다.
시리고 아픈 삶이 지나가는
소리가 창문을 두들깁니다

눈을 감지 말라는 신호인 듯 합니다
긴 잠이 들기 전에
꼭 가야 할 머언 길이
아직 남아 있기 때문입니다.

제 2 부

마이산의 비밀

산

산은 이상이 서린
원대한 희망이다

시와 음악이 흐르고
진리를 품고 있다

산의 사랑에
순종으로 감동케 한다

하늘을 떠받치는 웅장함에
침묵으로 웅변하고 있다

산은 자유와 평화다
진정한 승리가 있고

철학의 산맥으로 문학의 봉우리에
눈과 비 별과 바람을 노래한다

산의 희생과 헌신
소망과 믿음 속에

내몸 모두를 내어 준 채로
함께하는 배움의 현장이다.

산노루

북향산은 해가 짧은데
짧은 꼬리만큼 노루잠을 자다 말고
제 방귀에 놀라 귀를 쫑긋
뻘짝 뛰어 가네요

노루귀와 노루오줌은
이내 꽃을 피우고

노루목을 넘는 노루발이
산마루 건너
푸른 목장이 영토인 산노루

삼각산을 내려오며

삼각산 삼천사에서 목탁소리 은은한데
삼각산은 하얀 이마를 드러낸 채
구멍 숭숭한 바위를 이끼로 둘리고
솔밭사이로 비봉을 오른다.

삼각산의 바위와 인왕산 돌들이
북한산을 건너다 보며 일제히 손짓을 한다.

가을로 가는 길
삼각산 삼천사의 경 읽는 소리 낭낭한데
우리네 삶도 산허리의 청솔처럼
푸르디 푸르렀으면

마이산의 비밀

온 몸을 한반도의 중심에 묻어둔 채로
오직 두 귀만을 내놓고서
어떤 얘기를 들어 전하고 있는가

아침이면 말 발굽소리 들리고
저녁이면 말 울음소리 들려오듯
옛 발해의 땅을 찾으려
몸부림으로 땅이 울리곤 한다.

삭풍이 몰아치는 겨울의 아침
민족의 대지 고조선을 향한
거친 말울음의 비밀을 누가 알랴

나는 자연인이다.
- 유지선편

가 나 다 라, 1 2 3 4 못 배워 몰랐다
그래도 군대는 다녀왔다
산에서는 이런게 필요 없단다
산에서만 27년
이제 이곳에서 대장이고 천하를 호령한다
삶의 한계도 세상의 경계도 없다
개똥쑥으로 목욕하고 천궁으로 병도 쫓아내어 가면서
나무처럼 물처럼 산자락에 붙어산다.

관악산을 오르면서

오월의 붉은 철쭉도
칠월의 짙은 녹음 속에 묻힌 관악산

능선을 따라 오솔길 위로
도란도란 이야기 넝쿨이 뻗어 오르고
국기봉에서 웃음꽃으로 피어난다.

바람엔 보라색 냄새
한강의 푸른빛은 하늘로 이어진다.

연주암 하나 세우기 위해
하늘의 벼랑은 목탁소리 산허리를 감아 돌고
베낭을 맨 아낙이 고요히 합장한 채
백팔번뇌 하나씩 떨구고 있다.

제석산帝釋山

대양을 향해 달리던 태백
걸음을 뚝 멈춰선 제석산

사바의 제왕 제석
자리의 분별로
놓아서 돌려주면
세상을 주관하는
천하산본 제석의 이치를
만세에 선포 하는가.

취석翠石

눈에 비치는 마음
투명한 가슴으로

허공에서

저것이 사랑이고
그것이 행복이며
이것이 인생이라고

알고 나니 붉은 석양 앞에 서있다.

수락산을 내려오며

한 사람에 한 인생인데
산에서 또 다른 인생을 배우지요.

오늘 오르는 수락산水落山은 비를 맞고 있습니다.
구암사 법경이 되어 울려 퍼지네요.

며느리 밥풀꽃이 피는 치마바위 밑을 돌아
철모바위 뒤로 수락秀硌이 정상을 지키고 있네

주봉은 천왕의 인장인 듯 도장을 조각해 놓고
나를 세울 때 수락受諾을 받아 가라네요.

수락산을 오르내리는 산객의 행열
수틀 위에 한뜸한뜸 채워가는 즐거움이랴

산이 삶이요
그 산이 내어준 길이 또 다른 인생길이라면
수락산의 산행으로 족해야지 않겠나.

제 3 부

세상을 살아가다 보면

고물상 할아버지

좁은 골목길에 고물 실은
손수레를 천천히 끌고 오고 있어요.
뒤 따라 세단 자동차 한 대가
끌려오고 있네요.
할아버지 오늘 횡재 하셨네요.

무화과

무화과를 뚝 따 내리면
목에서 하얀 피가 뚝뚝 떨어진다.

꽃도 못 피우고
씨도 두지 않은

무화과의 비밀을 간직한 채
아리고 쓰린 속내를
하얀 피로 말해주고 있는가.

사랑의 그림자

그저 그 만큼의 거리에서 가슴이 아려오네요.
왜 망설여질까 마냥 그리워지네요.
당신의 향기가 몸속으로 베어드네요.
기다렸어요. 고마워요. 행복해요.
단아함으로 걸어간 발자국 당신이 걸어서 간 길
지금은 어느 별에서 손짓하고 있을까
잔잔한 미소 가슴에 품고 있네요.
이제 알 것 같아요. 그대 맑은 영혼을

눈 너머 사랑

눈 너머 사랑은 그리움으로 살고
작은 행복을 버리면 행운도 달아나요.
보고 들은 것들 품어 삭혀가면서
높고도 먼 풍경 눈요기로 족하고
풍성한 세상사들 귀동냥으로 살면서
봄여름 가을을 겨울로 살아갑니다.

맑음을 처음처럼

맑음을 처음처럼 한결같이
일상은 보람으로 가득하고
소망은 믿음으로 연관되며
시련은 연단으로 축복이죠

채움은 비움에서 시작되고
순종은 쓰임으로 다가서며
버림은 다스림을 위해서고
지금이 가장귀한 행복이죠

오래 갑니다.

등만 보이는 봉사는 그 모습이 오래갑니다.
보이지 않은 희생은 오래토록 빛을 냅니다.

얼굴없는 선행은 잔잔한 감동을 줍니다.
살아가면서 가장 아름다운 것은
간절할 때 다가서는 일입니다.

누군가에 가슴깊이 간직되는 이름이면
족 하겠습니다.

바람

바람이 바다로 가면 파도가 되고
바람이 하늘로 가면 구름이 되며
바람이 내게로 오면 그리움이 되지요.

하늘에 영혼

고요한 곳에 소리가 살고
비- 인 곳에 바람이 살며
어두운 곳에 빛이 내리고
땅에 육신 하늘엔 영혼

전송

한 필의 베처럼 짜왔던 인생
마지막 가는 길이 어둠으로
희미하게 저물어 갑니다.

아무 것도 손에 들려져 있는 것은 없고
누구도 동행하는 이 없이
혼자서 갑니다.

당신이 걸어 왔던 길이
흔적으로만 남겨 있을 뿐
더 갈 길이 여기가 끝인가 봅니다.
좋아하고 사랑했던 그 모든 것들
뒤안길에 묻어 놓고
누우런 옷 한 벌로 떠나가는군요.

세상을 살아가다 보면

세상을
살아가다 보면 문득
인생이라는 단어 앞에 멈칫 서게 되지요.

나도 모르는 그 무엇인가에 끌려가고 있다는 것을
생존과 존재 앞에서 창가에 비친
내 모습에 물음표를 지울 수가 없습니다.

어느 비 오는 날 오후 우산을 받고
하염없이 걸으면서
스쳐간 세월과 사람들

심장의 박동과 거친 숨소리가
삶을 밀어가고 있을진데 발길을 옮기면서

물레방앗간에
찬양과 기도의 벨트에 걸린
영혼의 매 찧는 소리였다는 것을.

여인女人

여인은 청초하여
난이요 수병이다

여인은 무색이어
봄의 호수요 가을하늘이다.

여인은 무심이어
소리없이 여운만 남긴다.

여인은 연인이다
시인의 가슴에 와서는 시가 된다.

까치발로 설까

네가 무릎을 굽힐래
내가 까치발로 설까

네가 좁힐래
내가 키울까

네가 당겨줄래
내가 끌어줄까

네가 다시 말 안해도
내가 그냥 믿어줄게.

실수

일하는 것을 행복이라 생각 했지요
빨리 잘 해보려고 했고요
보지 않을 때 해내려고 했습니다.
칭찬 받고 싶었습니다.
그러나 묻지 않고 한 것이 실수였습니다.

눈 너머 사는 행운

눈 너머 사는 행운은 비어있지만
사각에 있는 행복은 늘 가득 채워 있네요.

욕심을 넘어 욕망은 가로 막지만
작은 꿈의 기도는 길을 내어 주네요.

입으로 하는 말들이 귀가를 비켜가지만
눈에 비친 침묵이 가슴에 스며드네요.

육신의 즐거움 웃음으로 채워지지만
거짓과 허욕을 눈물로 밀어내네요.

땅 위의 바람은 옷깃을 여미지만
하늘에 비는 가슴을 적셔오네요.

제 4 부

가을꽃 겨울나무

가을꽃 겨울나무

겨울로 가는 길목에서
가을꽃이 피는 것은
외롭지 말라고 혼자 춥지 말라고
향기로 덮지요

하얀 달빛아래 가을꽃이 지고나면
맨몸으로 행복했던
깊은 추억 속에 묻힙니다.

걸어도 걷고 싶은 길

제주도 오라고 올레길
서울을 둘러서 둘레길
진도엔 가앙강 술래길
남원엔 춘향이 춘래길
산청엔 목화꽃 물레길
독도는 얼레길 설레길

삼천리 금수강산 아리랑길

미米의 찬가

문전옥답 둠벙배미
여든여덟 팔 팔미
홍도난다 풍년재미
산골올벼 올 빼미
천하일등 진 선미
자갈논의 산두육미
간척갯논 수 우미
국민건강 나 라미

서울 공원

풀밭의 향연 초록띠 공원
석양의 바람 노을 공원
하늘로 비상 폭포 공원
달 무지개 물빛 공원
꿈과 사랑 허브 공원

영혼의 히란야

믿음과 소망 그리고 사랑
자비와 은혜 그리고 축복의
육광성
내 영혼의 히란야

가슴에 파동치면
내가 바로 우주

눈물

눈물은 마음창에
　　빗방울입니다.

눈물은 감동이고
　　순결입니다.

눈물은 정의 은구슬이고
　　영혼의 열매입니다.

눈물은 사랑이고
　　순종입니다.

눈물은 은혜에 감사의
　　보답입니다.

눈물은 고난의 연단이요
　　축복입니다.

눈물을 흘린 후에야
말간 빈 가슴으로 남습니다.

삶psalm

바다는 다 받아 품어주며
하늘은 늘 한을 풀어주고 있지요.

사람들은 살암으로 살려하고
얼굴을 얽울로 싸메려 하네요.

삶을 삶psalm의 힘Hymn으로
살아가야지 사라지려고만 할가요.

기도

기도 올립니다.
빛으로 사랑으로 오신 님이시여
세상의 비밀을 깨닫게 해 주십시오.
이 땅에 정의와 진리가 바로 서게 해 주소서
사랑과 소망이 믿음 가운데
충만케 해 주소서
삶이 찬양으로 축복으로
거룩하게 해 주소서

딸을 시집보내며...

그동안 가슴 한 켠에서 자라온 사랑의 가지를 잘라 내어
이제 제가 살아가야 할 나무에 접목을 내보내면서
안으로안으로 흐르는 진물을 삭히면서 옹이가 되어 남겠지요.

청홍화촉의 전당에 선 딸과 아들.
융단의 물결 위에 그립고 정겨운 천년의 깊은 인연
그 푸르고 붉은 빛 큰 울림되어 메아리 칩니다.

참사랑을 배우기 위해 사랑의 둥지를 함께 가꾸어 가면서
책임과 약속의 2인3각 사랑의 행진
이제 막 출발합니다.

서로가 나란히 의지하고 지켜주는 따스함 속에
어깨를 내어주고 가슴으로 안아주는
영원한 사랑과 행복을 끌어 오고 밀어가야 할 장도壯

途입니다.

행복은 참고 기다리며 마중하는 것
하늘의 별과 바다의 진주와 함께
새로운 보석 하나를 만들어 가는 일입니다.

원컨대 하루를 잘 지내고 나서 더 즐거운 또 하루가 오고
사랑을 나누고 나면 더 따스한 가슴이 되며
좋은 일이 생기면 더 큰 행복을 지어가면서

손을 맞잡고 나란히 창조의 새날을 맞이하면서 우리 안 복음자리에서
정답게 소망을 향하여 승리하는 믿음과 기쁨 속에 화목한 가정
행복의 길 떠나는 여정에

매일을 오늘처럼, 처음처럼, 새날처럼
아름다운 인생이 되어 주기를
하나님의 은총 가운데 기도하며 축복합니다.

제 5 부

보성 차밭에서

다원茶園 미인

물안개 속을 헤치며
저고리 품은 해풍에 젖어
차밭 이랑에 꽃으로 피어나네요

챙 넓은 모자 사이로 언듯언듯 비추는
반달 웃음을 광주리에 따 담고서

펄럭이는 명주폭을 붙잡고
살포시 굿자락에 소매자락이 넘실거려요.

머슴

가을 추수할 때
봄 쟁기 깊이를 재어보고

아궁이 재를 보면서
나뭇짐을 짐짓 넘겨요.

헛간 멍석을 보면
사랑방의 겨울나기를 알 수 있고요.

고향

해질녁 부모님의 묘
고향땅에 쌍봉으로 모시던 날
그날 후로 남은 날은 고향에 두었습니다,

근처 토담집 하나 지어놓고
살아도 죽어도 남은 날은
고향땅에 묻어 놓았습니다.

벌교 꼬막의 노래

제석에 임금 모시고 갯뻘 속에 왕가로
기와촌을 이루어 정일품 참꼬막이래요.
람사르 울치고 수산일호 문패 달고서
역사와 전통을 지키는 수문장일세
세상을 부딪치며 흘러온 강물을 망막으로 보고
바다가 들려주는 파도와 역사를 고막으로 듣고
뭍과 섬 사이 자연 풍광들이 꼬막을 키워왔네
옛뗏목의 끝자락 대포 건너 장도 앞바다
반짝이는 전어떼를 밀어올리는 여자만 한류
밀물에 철새 울음이 풀어놓은 굿자락 되고
썰물에 아낙널배 꼬막만선으로 어부노래 질펀하네

박애정博愛亭

넓은 돌 반석 위에 있는 터
개척의 땅 博石
역사와 전통을 이어
여기에 정자를 세우고
박애정이라 이름 하오니
사랑하는 마음으로
마을의 정기를 지키고
마을사람의 쉼터가 돼
길과 마음을 이어주는
그 중심이 되리라

박애정이여
박석의 무궁한 발전과
더불어
만만세세 영원하여라.

고향 산골로 돌아와

고향산골로 돌아와
옛날 아버지가 살던데로 살고 싶다

농민 잡지 하나에 한복 한 벌도 준비하고
황토 오두막에 이엉을 새로 이고
텃밭에 오이 가지 토란도 심고
단수수로 울타리 삼아
뜰엔 햇볕도 바람도 욕심껏 들여놓고 살고 싶다
밤이면 초롱초롱한 별빛을 벗 삼아
예전에 어머니와 함께 걸었던
개울 건너 산고개 넘어 꼬부랑 이십리
읍내장길을 떠올려 보고싶다

이제 잃어버린 계절도 다시 찾아
겨울밤이면 내 좋은 친구를 불러
아랫목 동동주와 동치미, 화롯불에 떡을 구워
조청을 바르며 삼태성이 서쪽으로
기울때까지 얘기하다보면

팽나무가지에 걸린 연이 푸다닥 거리는 소리에
놀란 옆집 개 짖는 소리 들린다

어디서 오는지 새벽바람이 불고 가나보다

보성 차밭에서

푸른 초록의 지평이 열리고
비단 물결 위로 펼쳐지는 오월의 향연
그 잔잔한 소리없는 일렁임을 그대는 보았는가.

남해의 파도를 밀어올리고
봇재넘어 뱃사공 노래가락 갯바람 타고서
살포시 풀어놓은 굿자락의 소리를 그대는 들었는가.

칭칭 휘감아 뛰어 들어보고 싶구나
저 높은 다원의 언덕 위로 피어 오르는
천년 깊은 향기에 그대는 빠져 보았는가.

겨우내 풍설로 몰래 빚은 다향
그 누구와 도란도란 정담을 나누며
찻잔을 마주할 그 사람을 그대는 가졌는가.

가슴 촉촉이 적셔오는 보고픔이여
그립고 설레였던 보성 차밭에서

그대는 또 얼마나 더 취해서 돌아가려나.

망둥이와 짱뚱어

원래 망둥이와 짱뚱어는
같은 종 한 뿌리였다.
강과 바다의 들물 날물 갯벌에
그렇게 살아왔다.
어쩌다가
너는 물 따라 살아가고
나는 갯벌에서 살게 되었네.
너는 물색을 닮고
나는 갯벌색을 닮았을 뿐인데
어찌하여
너는 코가 잘생겨 문절망둑이 되고
나는 눈이 튀어나와 말뚝 마랑쇠가 되었나.

하얀 거품을 내며 너희들이
밀어올리는 밀물에 한바탕 잔치를 벌리고 나면
물빠진 영토를 우리들은
쓸고 닦으며 만남의 날을
준비하는 슬픈 역사의 종족이여.

남도의 그리움

수수이삭 손에 들고 고개 숙인
그 얼굴 머루알 같이 반짝이네
말을 건네니 보리 가시락 닮은
남도 사투리 "거시기 여룹지라"

실밥 듬성한 종그래미로 건네 준
올벼 쌀 한 웅큼에
남도 향기 입안 가득 고이네

박석博石마을

노령산맥 정기따라 준령넘어 달려온 길목
장엄한 기운이 힘을 펼치어 넓은 터 이루니
그 이름하여 박석博石

여자만 은빛 물결은 연개강 들녘을 품에 안고
한 천 년 선대로 물려받은 복지의 마을
넓은 돌의 대지를 좌대삼아 우뚝 선 박석인博石人

용천수 샘터가 솟고 꿈과 개척의 땅 일구어
만세를 이어갈 길 위에 푸른 반석으로 표지석을 세우니
만인이 살아갈 터전 되고 소통의 거리로 영원하소서

막걸리통 짐바리 자전거 · I

막걸리통 짐바리 자전거
한 통만 내려주고 가면

온 들판이 취했던 그 때 그 시절

고추된장에 무싯잎 한 줄기로
시장기 풀어주던 새참때가
행복했던 막걸리 한 사발
붉으레 웃음떤 농심인가
아 - 추억의 술도가
막걸리통 짐바리 자전거

막걸리통 짐바리 자전거 · II

막걸리통 짐바리 자전거
한 통만 내려주고 가면

온 동네가 취했던 그때 그시절

담장너머로 오갔던 안주쟁반
아짐씨 아재 주고받던 정주에
행복했던 막걸리 한 사발
붉으레 속마음 들켰는가
아- 추억의 술도가
막걸리통 짐바리 자전거

제6부

지금 이 자리에서

시인의 작업

투명한 알몸으로
가릴 수 없는 상처들을 보듬고 있습니다.

메마르고 황폐한 줄 알면서도
그 곳으로 거처를 옮겨야 했습니다.

살아있는 동안에
꼭 처메야 할 일이
시인의 작업이었습니다.

동동주

고두밥 한 바가지 누룩 한 사발
꼭 껴안고 아랫목에 이불 뒤집어쓰고
드러누워 있었으면 좋겠다.

사나흘 부글부글 괴어올라
동동주나 될거나

내 말만 들으면 취하고 쓰러지고
흥이 나서 헐레벌레 춤도 추게 했으면 좋겠다.

이장하던 날

해돋는 동산의 소나무와
달뜨는 언덕의 대나무가
서로 만나 강촌을 이루어
봄. 여름. 가을
그리고 겨울을 짜가면서
이슬이 서리되고 비가 눈이 돼도
변치않는 청송이여
쌍무지개 띄어놓고 지평을 열어
합가 하시던 날 땅속의 흙도3색으로 빛났다.

지하철 시보 앞에서

지하철 승강장에서 무심코
“해남 가는 길” 시를 읽다가
타야할 열차가 지나가는 줄도 모르고
고향에 계실 어머니를 만나러
땅끝 마을로 가는 그 시인과 함께
나도 같이 헤매다가
또 전철을 놓치고 망연히
아직도 시 앞에 서있는
나를 뒤늦게 발견했다.

병실에서

병원에 입원을 하고서야 스스로를 보게 된다.
사람이 그립고 추억이 그립고
창밖이 그리워진다

새는 아침에 날아와 늘 그러듯이
그 나뭇가지에서 울어줄 때
가장 아름답다

꽃은 새벽이슬을 머금고
함초롬이 피어날 때
가장 예쁘다
병실 밖에 한 마리의 새와
한 송이 꽃을 바라보면서
사랑과 행복을 그려본다.

오데또의 꿈

눈부신 봄날의 사랑은
겨우 한 나절인 걸
그렇게 보내고 마음
다비운 줄 알았는데
아직 가슴속 구석에
외롭게 살고 있는 걸 보았네

사철 함께 걸었던 발자국을
오늘은 홀로 오르내린 오솔길도
빗방울소리에 지워질줄 알았는데
이내 다시 살아나나 봅니다.

푸른 추억의 잎들이 붉게 타올라
더 깊은 아픔으로 뒤척이네요
기억 저편의 가을밤이여
학 울음으로 하늘로 사라지는
오데또의 꿈은 가을연가가 되어

반성문

믿음으로 순종하는 것을 게을리 한 채
마땅히 해야 할 일들
그냥 떠넘겨 왔습니다.
지켜야 할 자리도 몰라라 했고
핑계도 숨은 곳도 많았지요
지난 잘못 다시 저지른 죄
징벌로 달게 받겠습니다.

지금 이 자리에서

사랑과 행복이 노래를 만나
언강 바람 속으로 산을 입에 물고
하늘로 향하는 작은 새여

머물러있는 청춘도 매일 이별을 하며
지친 어깨를 떠미는 한 줄기 바람 같은
인연이여

깊이 빗장을 채운 추운 세월 속에서
바람 떠난 들판에서 지난 날
그리운 가슴끼리 모닥불을 지피운다

내안에 숨겨있는 보물찾기 같은
바보들의 얘기 속에 우린 얼마나
길들어져 있는가

지금 창밖에는 비가 내리고
내가 기다리는 사람을

우연히 만나기라도 한다면 어떡하죠

바람에게 등을 내 맡기지 않으려고
시린 가슴으로 나의 노래를
부르고 있습니다

내일로 가는 나의 길 위에서
그리운 그 사람을 기다리며
지금 세상 작은 실바람 앞에
나는 이 자리에 서있네.

어느 해 四월

올 四월은 해를 품은 달이다
봄이 왔다가 산수유 개나리
일찍이도 피더니만
웬일로 꽃봉오리에
소복히 눈이 쌓이고
폭풍으로 봄이 걷히며
속살이 비치네요
또 윤三월까지 끼워
봄을 늦춘
해품달 四월
버리지도 기울지도 말고
똑바로 서라 한다
맑고 푸른 절기에 이런 시련은
결코 차가운 것이 뜨거운 것을
품는다는 것은 오래가지도 못한다는 것을
말해줍니다.

부부의 날

2012. 5. 21일
두 영혼 하나되어 살라 한다
하늘은 오늘 해품달을 선물하고
뜨거운 사랑을 하였다

땅 위의 모든 부부들
일제히 일식의 거울 속에 비친 내모습을
들여다 본다.

너에게 편지

미안하다
너를 무시하고 방치한 채로
내가 너무 했구나.

네가 그렇게 힘들고 아파했는데도
침묵으로 일관해온
너는 얼마나 화가 나 있었니

이제 알았으니
정신차리고 나아지면
너를 편히 쉬게 하고 싶다
정말 죄스런 마음으로
너에게 용서를 비니
한번만 그 응어리를 풀어다오

네가 좋아지면
나도 함께 같이쉬고 싶구나
너와 함께 영원할 것을

맹세하면서

나는

살아 가는가 남자로
나누웠는가 세상과
도전하는가 운명에
자유로운가 진리에

제 7 부

임진강나루 반구정

임진강나루 반구정

평강의 한을 모아 흐르는 임진강
철원의 원을 모아 흐르는 한탄강
한강되어 흐르는 반구정 나루터에
저녁놀이 물든 고은물결

옛 황희 정승의 기품이 서린
반구정 정자에 솔바람소리 은은한데
청운의 꿈에 소망
우정의 믿음에 사랑 다짐하네요

가시철망 너머로
겨레의 가슴을 보듬어 보면서
임진강 나루터 반구정의 오후는
붉게 타오르고

돌아오는 자유로의 통일전망대가
우리를 다시 들르라고 손짓한다.

기장물산의 김양춘

바다가 숨 쉬는 품속의 영토
새벽을 여는 기장바다

희망의 등대 아래 푸른 동해의 물결헤치며
뱃고동은 울리고
붉은 해돋이를 맞이하는 곳.

어둠과 불안을 두 볼에 찍어 바르면서
내 가슴에 내가 스스로 안기며
바다로 내몰아 갈 때

꼭 이루어진다는 하늘의 약속.
바다의 울림이 그토록 바라던

나의 일 나의 사랑으로 시작한
첫걸음부터 써온 일기장 속의 작은 이야기들.

하늘과 바다가 맞닿은 곳

태고의 얘기를 가슴에 새기면서

뭍에서의 단꿈도
동, 남해의 난, 한류의 공존과
질곡의 세월을 뒷돌 삼아

늦었다고 멈춰 서서 시계를 본적없이
앞만 보고 뛰어왔지요.

실크를 풀어 시리도록 푸른 쪽빛 바다를 향해
목을 길게 빼고 있는 기장물산.

영롱한 산호빛 유혹도
해초의 비릿한 향기의 낭만을 벗으로 하여

홀로서 걸어온 길
이제 이정표를 세웁니다.

어디에 무엇이 있을까?
방황하지 않고
오직 여기에 무엇이 있는가만 찾으며
바다 속의 성지를 꿈꿔왔습니다.

기장에 오면 지구가 아닌 수구란 것도 알게 되고

생명의 뿌리도 영혼의 노래도
동해 바다로부터 온

가로 누운 미역 줄기가
파도가 되어 밀려온 기장 애를 만날 수 있습니다.

기장 사랑!
여명을 여는 신실한 기도처요 약속의 땅. 기장.

가나안 땅처럼
기장은 우리 시대 기적의 영토가 되어
기장물산의 메시지를 오대양 육대주에 펼치리라.

당신께 묻습니다.
기장애가 어떤 일을 하고 있는지

생명의 가치를 존중하며
산모의 건강에서부터
늙음의 영혼까지 보살펴주는
기장 애 정신을!

웰빙 바이오 글로벌의 선두주자 기장물산이
믿음과 행복 속에 우리 모두에게
아름다움과 강건을 선물하고 있습니다.

빛이 하늘을 만들고
소금은 바다를 지켜왔고
바다는 기장에 와서
미역, 다시마 밭을 이뤘습니다.

거센 풍랑에 배를 내 맡기지 않는 선장처럼
키를 붙잡고 여기까지 왔습니다.

도전과 열정 그리고 사랑
그 은혜 감사합니다.

이제 여기 나의 심장과도 같은
기장의 파도소리에
나의 영혼이 함께하고 있습니다.

나에겐 수호신이자 채찍이기도 한
기장물산과 함께

다시 먼 길을 떠납니다.

길 위에 여인 한비야

길 위에서 길을 찾아 길에서 사는 여자
지구 위 사람 사는 세상을
한 줄기 바람처럼 바느질하듯
꿰매고 다니는 여자
오지와 광명을 넘나들며
언제 어디든 그의 것이었다.
찾고 뛰고 만나는 세상이 가슴 뛰게 했고
피를 끓게 하기에 충분했다
자기의 작은 가슴 하나를 내어준 용기의 여인
그 험한 지구의 사각지를 역사로 써왔네

아직 어디로 갈지
뭐가 될지도 모르는 자신을 믿고 믿으면서
그녀의 박동치는 심장이
멈추는 그 날까지
아직 남아있는 심지를 모두 태우겠다는
그의 꿈이
아름답기만 하다.

빙화가 피던날

차가운 빙판 위에 피어난 꽃
아이스링크 위로 용수철처럼 오르고
나비처럼 나르며
얼음보라를 일으키는 빙설의 소녀
강한 눈빛 손끝의 선율에 흐르는 맥박
숨 멈추는 휘날레의 표정
기립박수에 태극기는 솟아오르고
아, 자랑스런 연아
네가 있어 행복했구나 퀸연아
우리의 희망
네가 있어 꿈을 꿀 수 있구나
자랑스럽구나 고맙다
사랑한다.

이수순李銖恂

서울 남산동에 가면 이씨성에
수순 銖恂이라는 사람이 살고 있다.
이름처럼 사는 사람
저울 눈금처럼 살고
진실함으로 사는 사람
가슴에 저울의 눈금을 새기고
맑은 눈동자로 세상의 진실을 가늠하는데
나는 오늘 그를 만나
그 사람의 저울에 얼마로 달렸을까
나에게 하는 말
세상 참 힘들게 살겠구먼 하며
차 한 잔 건네준다.

내 사랑 재봉틀

재봉틀과 함께 살아온 반세기
그 인연으로 인생 한 벌을 박음질 해 온 나의 벗
건너 방 구석에서 나를 지켜준 나의 반려
오늘은 그가 나를 바라보며 무슨 말인가 하려는 눈치다
그래 허구헌 날 헝겊대기로 나를 괴롭혀 온
친구여
왜 멍하니 서 있냐고 질책 하는 것 같아 부끄럽다
너와 함께 해온 세월이
조각조각 잇대어 진흙 속 돌 자갈 무늬도
너의 발톱을 지내오며 하늘 빛 저고리와 보라색 바지 한 벌로
운동화는 몇 켤레나 바꿔 신으며 살아왔나보다
가슴이 찢어지고 무너지는 아픔의 상처도
네가 꿰매주고 구겨지고 얽힌 일상을 잇대어
박음질 해오며 뚜벅뚜벅 앞만 보고 걸어온 세월
망각과 용서와 소망과 사랑의 예쁜 드레스를
지어준 너에게 한없이 고맙고 감사한

마음이 드는지
오늘따라 왜 이렇게
네 앞에서 눈시울이 뜨거워질가.

강원산골

강원산골 설원 속에 귀틀집 한 채
산에서 흐르는 물 마시고
산열매 먹으면서 그렇게 살아온 산수
8남매는 자라서 둥지를 떠나고
남은 노부부와 백구자웅
헐어진 둥지에 군불 지피우며
연기는 산을 지붕으로 만든다
피나무껍질로 삼은 설신으로
나들이하며
눈이 내리는 날
교회 가는 길 위로 발자국이 나란하다.

보성! 새날의 노래

장하고 거룩한 보성 위대한 보성인이여!
고향에 뜨는 달이 여명을 깨고
드디어 눈부시게 떠오르는 저 태양을 보아라

담박한 단심의 철쭉 피는 언덕에 이른봄 새벽빛을 빛는 불변의 향기 차나무
사랑과 우정, 존중이 깃든 평화의 비둘기 날아오르는
보성

노령의 억새줄기 보성강을 안고서 천봉에 우뚝 서서
마한 불운국의 후예들에게 어떤 명령을 하는가
누구도 알아듣지 못했던
수 백 년 부르고 찾았던 이가 있었으니
무엇이 되어 고향 앞에 설 것인가
보리이삭 줍던 곳을 떠나 청운의 꿈 이루고서
고향에 큰 머슴 되어 그 부름 앞에 섰습니다.

다시 찾은 고향땅의 선구자

아름다운 산하의 비경에 놀라고
보배로운 성안에 감춰진 자원에 놀라고
보성인의 깨어있는 민심에 놀라고
이 떨림과 그 울림 그리고 설렘을 안고서
이제 장도의 첫걸음을 뗍니다.

민족의 기개 충절과 의예를 모아
제석에서 일림까지 병풍으로 두르고 강물모아 벌교만
바닷물 모아 득량만 잔잔하게 펼치니
장 고 화 천 수 오엽 가운데 핀 산양 꽃의 열두 잎
봉수대 남도의 소리 그 소리바디 다시 피어나는 보성
명봉의 봉황 울음 깃든 간이역 가리실의 노동
곰재 너머 산소 가득한 자연 힐링의 웅치
웅기의 터전 1.도개 2.당촌 3.박실이라 그중 으뜸 도개는 미력이다.
본적을 물 속에 빠뜨리고 천년 고찰에 선 문턱
초암 석호의 살아있는 삶을 살고저 떠나지 못하는 겸백
꼭꼭 싸고 감춰둔 푸른 보물 미륵덩이 율어
계당의 아침햇살에서 덕암의 붉은 단풍에 10경 자존의 생거 복내
회령, 천포 주찬에 일흔 아홉 구비 봇재 너머 회천의 그리움

예당평야 오봉, 송곡에 튼실한 인재 창고 득량
봉두산 아래 조양포구 금야 은해 넘나드는 조성
꼬막배가 들어 온당께! 웅 웅 웅 벌교 뻘 바닥에
아라리가 났네.

역동에서 감동으로 행동하는 보성사람
여름밤에 은하수 주암호에 방생해놓고
수도 서울을 닮은 보성지도
보성에 남도의 새 서울 신경을 세우자

꿈이 있으면 땀을 흘려라 - 앞으로 나아가자
1천 1백만 관광시대 찾아오는 보성으로.

자유와 평화 진리와 정의의 본향.
위대한 승리를 위하여
우리가 결단하는 순간
하늘은 움직이기 시작하는가

천을 잇대어 새 옷감 지어가면서
바느질처럼 꼭꼭 손잡고 가자
그리하여 우리모두 하나되어
행복의 보금자리 만들어 가자
이것이 바로

오늘 우리가 이 자리에 서 있어야 할 이유가 아니겠는가

앞으로 우린 분명 그것이 가능하다.
새 희망의 메신저
삶의 기도와 찬양 넘어
사랑이고 희망이라고
향기로운 새 터전 새 보성 비상하라

보러 오세요! 들으러 오세요! 살러 오세요!
자연과 함께 힐링하는 행복의 수도
보성으로

제
8
부

남도 기찻길

남도 기찻길

부산방면 서울방면 목포방면으로
세 갈래 철길
그래서 삼랑진인가 보다.

삼랑진역은 늦은 가을을 알리는 듯.
철로변 마른풀 언덕아래
낙동강역 밑으로 천리를 흘러온
강물은 은빛으로 빛나고
목포로 가는
경전선 기찻길은 외길이다.
오는 차를 비키느라
한참을 기다리다가 다시 떠나는
한림정역은 한산하기만 하다.
강가 갈대 숲 너머로
파아란 보리밭 이랑을
언듯언듯 스치고 나니
낡은 여인숙 간판이 보이는가 싶더니
빛바랜 철대문 사이로

묵은 감나무 몇 그루가
역사를 지키고 있는 진영역
주황색의 단감빛을 뒤로하고서
열차는 속도를 내기 시작한다.
찰나에 눈을 베고 간
전선줄이 끝나는 점에
묵은 침목들이 켜켜이 쌓인 뒤로
맞배집 청사가 번데기 껍질을 벗듯이
날개가 보이기 시작하는 창원 역사가
다시 멀어지는 듯하더니
무학아파트가 시냇물을 안고서
아늑함 속에 멀리 마산을 돌아돌아
다가오고 있지 않은가
드문드문 하얀 건물만이 보일 뿐
시그널마저 외로운 간이역 중리를
스쳐 지나간다
우리 열차가 들어오기를
기다리던 열차는 손짓 만을 남기고
바쁘게 출발하는 함안역은
잔잔한 산야에 옛 능도 평화롭다.
그렇게 이어지는 군북역에는
백년을 훨 넘긴 듯 향나무고목
한 그루가 역사를 지키고 있지 않은가

저 멀리 들녘에선 짚더미 타는 연기가
우리를 전송이라도 하는 듯
모락모락 피어 오르고
푸른 소나무 숲을 지나 오르막 언덕위
기인 굴을 지나고 나면 들판 한 가운데
평촌 역에는 한가히 전봇대 몇 개와
편백 여남은 그루가
이곳이 기차역이라고 알려주고 있는데
열차는 서는 듯 마는 듯 내리는 사람이
없어서인지 그냥 슬슬 스쳐 지나간다
산자락 대 여섯 개- 쫙 펴졌다가 다시
모아지는 입구에는 진주 수목원이라는
간판이 서있고 기차는 버스와 나란히
달린다.
이어 어디서 많이 본 듯한
철조망 울타리 안에 대한통운 창고 앞
화물차칸 옆에서 한참을 섰다가 간다.
산들이 가지런하고 제각들도 단장을 한
진성역은 앞산 노적봉을 바라보면서
부자의 꿈을 꾸고 있는 손님들을
내려 주고 간다.
또 다시 내를 건너 산을 돌아드니
아직 따지 않은 감 홍시들이 붉은 꽃이

피어있는 듯 홍화 반발이다.
"직원이 없는 역" 이라고 푯말에 적어 놓고서
사람하나 없는 적적한 갈촌역에서
승객 두 사람이 내린다.
하동 진주 방향과 문산으로 가는
갈림길의 이정표를 지나니 남문산역이
나온다.
한동안 산촌의 적막을 깨고
개발의 굴뚝이 보이기 시작한다
빈 들녘에는 흰 두루미 한 마리가
외롭게 날아오른다
대나무 숲이 우거진 개양역은
양지를 열어간다는 뜻인가 보다. 개양역을
지나, 오랜만에 역에서 안내방송이 나온다
진주 역이란다
시내는 남강을 품고 고도 진주는
남도 철길의 애환을 담은 채
또 그렇게 서서히 멀어져만 간다
우리 열차가 무궁화 열차라는 것도
이제야 알았다.
한참을 달려와 당도한 곳은 완사역
산과 강을 길게길게 잇대어 온 남도 천리길,
강이 넓어지는 듯 하더니

다시 언덕이 눈에 부딪히고
묵은 채석장을 지나 활처럼 휘어진
철로 길가에 코스모스가 흐드러진
북천역은 산중턱인 듯
들이 눈아래 펼쳐진다.
정자 한적한 옛 마을에는 양보역을
보듬고 팻말마저 희미한 채로
녹슨 철길 담벼락에 기대고 있다.
이렇게 끊어질듯 하다가 이어지고
그렇게 이어온 지존철길은 하동 뒷산에
버티고 선 횡천역에서 지금껏
아기자기했던 경상도의 굽이굽이 우리네
이야기들을 주섬주섬 담아서
하동역에 내려놓고
섬진강을 건너야 했다
이렇게 이어진 철로는 또 다시 터널을
빠져나와 광야를 여는 진상역을 지나
옥곡도 광양의 동쪽 관문인가 보다
그렇게 희망과 꿈을 여는 광양역이
해맑게 우리를 반긴다.
여기까지 이어온 철길의 풍경을 써오면서
하늘에 순응하는 것이 삶의 도리인가
이 열차의 종착역 순천역에 내려

대합실 의자에 잠시 앉아 있는데
찰가닥 철거덕 거리며 흔들리는
남도 철길의 기-인 여운이 아직도
차를 타고 가는 듯한 깊은 환상에
젖어 있었다.

| 작품해설 |

松山 정인환 시의 老莊思想 미학

- 제5시집 『소금 꽃이 필 때면』 評說

이 수 화 | 시인, 한국문학비평가협회 회장

| 작품해설 |

松山 정인환 시의 老莊思想 미학

- 제5시집 『소금 꽃이 필 때면』 評說

이 수 화 | 시인, 한국문학비평가협회 회장

松山 정인환 시(松山은 아호, 정인환 시인의 시)는 노장사상老莊思想의 미학을 구현俱現(Embodiment) 하고 있다. 지난 2천년간 노장사상은 인간 삶을 어거馭車해온 인문학人文學의 중심축으로 오늘에 와서는 자연친화가 곧 인간 삶의 최고선最高善처럼 등식화로 논급되는 시대에 이르렀다. 그리고 송산松山(정인환) 시인의 제4시집 『외딴집 수채화』는 저 자연훼손의 심각성에 날카로운 에코토피아(생태주의) 시정신 메스를 가해 그 미학을 성취한 노작이었다. 그 평설 글에서 나는 松山詩의 에코토피아(Ecotopia) 시가 오늘의 제5시집 『소금 꽃이 필 때면』(2016, 12, 도서출판 들꽃 간행)이 구현하고 있는 노

장사상에서 한 걸음 더 진화된 미학으로 성취될 징조를 보았었다. 쉽게 말해 제4시집의 松山詩 에코토피아 시가 이 땅에서 남루한 음풍농월의 구시대적 백일몽에 취한 리리시즘 시를 몰아낼 생명중심주의 생태시 창작으로써 인간과 자연의 상호의존 및 공생 공존이 유지되는 세계, 곧 노장사상의 미학 구현(Embodiment)을 松山詩는 어거해올 것이라 믿었던 것이다. 그 아름다운 나의 신뢰와 시인(정인환)의 포에지가 이번 제5시집 『소금 꽃이 필 때면』에 놀라운 노장사상 미학으로 구현되고 있다는 것은 참으로 우리 삶을 근본적으로 인문학적 즐거운 소요逍遙의 길로 당당하게 이끌어갈 신기할 만큼 반가운 인연의 소치라 하겠다. 그것은 가령,

> 좁은 골목길에 고물 실은
> 손수레를 천천히 끌고 오고 있어요.
> 뒤 따라 세단 자동차 한 대가
> 끌려오고 있네요.
> 할아버지 오늘 횡재 하셨네요.
>
> - 松山 정인환, 「고물상 할아버지」 全文

성급하게 말해 예시例詩에는 노장사상老莊思想의 인간 삶〔인생〕을 한마디로 말할 때의 그 소요逍遙이다. 예시의 화자는 '고물상 할아버지' 가 고물 실은 손수레를 끌고 뒤따라 오는 세단차를 '끌고 온다' 며 할아버지의 그

런 경우를 '횡재' 했다고 한다. 어째서 그러한가.

사람들이 보기에 세단차 앞에서 고물상 손수레를 끌고 오는 할아버지는 횡재하기는커녕 그냥 고달픈 삶의 실상일 분이지만 시인(정인환)의 이념(주제의식)으로는 노장사상, 즉 소요逍遙가 된다. 시 제2행과 제4행 "손수레를 끌고 오는 할아버지 뒤를 따라 세단 자동차 한 대가 끌려오고 있네요."에 흑점 표시된 언술이 바로 그것인 것이다. 이와 같은 세단차를 손수레가 끌고 온다는 행위의 위대한 철학적 급진주의(radicalism) 시인(정인환)의 이념은 우리를 항상 매혹하고 감명케 한다. 이처럼 정인환의 노장사상 구현은 역설의 미학, 즉 소요逍遙(자연스러운, 여유로운 산책적 삶) 하는 생활 태도를 노래함으로써 확보할 수 있음을 시사하고 있다하겠다.

눈에 비치는 마음
투명한 가슴으로

허공에서

저것이 사랑이고
그것이 행복이며
이것이 인생이라고

알고나니 붉은 석양 앞에 서있다.

-松山 정인환, 「취석翠石」 全文

松山 시인(정인환)의 저와 같은 (「고물상 할아버지」와 같은 逍遙의 詩世界) 표상表象(reprsentation) 세계가 가능하기까지는 어떤 포에지의 축적이 시인의 의식세계를 점철해 갔는가를 예시 「취석翠石」은 한 떨기, 아름다운 취석翠石처럼 우리 앞에 현현顯現(manifestation)해 보인다. 두말할 것도 없이 송산시松山詩의 노장사상 포에지가 구현코자 하는 미학성美學性에 기반해 있는 이른바 노장의 인식론認識論이다. 예시에서처럼 노장의 인식론은 세상 만물의 존재를 하나로 보고, 그 하나의 총체적 존재가 예시 제3스탠자에서와 같이 사랑이고, 행복이며, 인생이라 인식된다고 본다. 그럼에도 우리의 의식은 무명〔無知〕 속에서 그것들이 주는 우환憂患을 앓다가 허공(시 제2스탠자)에서 허공처럼 무너지고 있다는 불행을 시인(송산 정인환)은 해탈解脫한 사실(Fact)을 후말행련에 다음과 같이 장려壯麗한 레토릭에 실어 현현하고 있는 것이다. 참으로 아름답고도 눈물겨우리만치 도타운 시인의 환골탈태적 자력갱생 모습 아닌가.

> "알고 나니 붉은 석양 앞에 서있다."
>
> -松山 정인환, 「취석」 중에서

이와같은 松山詩(정인환 노장사상시)의 장엄한 깨달

음(앎)은 이번 제5시집 『소금 꽃이 필 때면』이라는 메타 텍스트에 궁극적 현현미학顯現美學으로 제목화題目化 되고 있음을 본다.

바람을 만들고
태양을 떠올리는 수평선 위로
소녀의 눈빛은 멀기만 하다.

기도하는 손끝에 반짝반짝 빛나는 소망 하나로
새 하얀 바다의 꽃을 보기 위한
소망의 꿈 하나 있으니

하늘색 바다로 간 먼 이별이
이제는 파로스 등대의 불빛으로 찾아드는
환한 웃음의 새하얀 빛을 보기 위함이요

함정의 붉은 핏방울의 영혼과
해선의 굵은 땀방울의 열정이
순백의 꽃으로 피어나기를
바닷물을 퍼 올리는 수차 옆의 소녀는
간절하기만 하다

그 누구의 눈물도
그 누구의 아픔도
함께 보듬어 모두 삭히고
흰 눈발 같이 가슴 속에 소복이 쌓이는
하얀 꽃을 피워 달라고 애원한다.

소녀의 기도로

그렇게 바닷물은 몇 번을 뒤집었다 폈고 다독거리
고 다듬어서
한 낮의 태양은 드디어
하이얀 소금꽃을 피운다.

- 松山 정인환, 『소금 꽃이 필 때면』 全文

松山 정인환이 예시(메타 텍스트, 즉 시집 표제시)에서 말하고 있는(이미져리 언어 진술)은 노장사상으로 말해 도道라는 궁극적 존재론이다. 노장老莊은 말한다. 세상 만물이란 존재存在, 도道는 그 하나 하나(存在者)일 때 도가도비상도道可道非常道라는 존재는 늘 변하고 있다.) 이 때문에 이 세상 어떤 존재도 변한다. 이렇듯 시인(松山 정인환)은 예시 『소금 꽃이 필 때면』(시집 제목)에서 노장의 존재론 그 주사를 '소금꽃' 으로 상징해 말하고 있다. 소녀(시인의 꿈 혹은 희망)는 총 6련으로 된 예시 속에 시인, 화자를 대신하는데 첫 스탠자에서는 바다 수평선을 보며 제2스탠자의 소망(바닷물과 태양의 교합 결과물인 새 하얀 바다의 꽃=소금꽃)을 노래한다. 그리고 제3스탠자에선 소금꽃과의 만남의 환희, 제4스탠자에서는 그 만남에 투여되는 영혼과 열정, 제5스탠자의 소망 성취의 애원, 제6스탠자의 하이얀 소금꽃을 피워낸 소녀의 기도가 드디어 완성된 시점을 그리고 있다. '소금꽃' , 즉 도道(=存在)의 생기生起를 화자(소녀)의 소망(희망)이 성취되는 과정을 통해 시인(松山 정인환)은

존재론의 인식론적 전환을 노래하고 있는 것이다. 바닷물이 변해 소금꽃이 피어난다는 인식(인간 지식의 앎)이 바로 노장 사상의 일원론적 깨달음의 원천이란 사실이다. 여기에 노장의 해탈解脫과 열반涅槃의 경지가 사람의 마음 속에 내재하고 있음이 드러나고 있다. 우리는 소녀가 바다를 보며 소금꽃이 필 때 드디어 존재론적 소망에 이르러 인간앎이 가져온 인식론적 삶의 도道에 도달함이 바로 악惡과 불행의 퇴치술인 우리 내면의 정신적 대도무문大道無門 입구入口이고, 무지無知를 벗어나는 불선인佛禪人의 다음과 같은 경덕전등록景德傳燈錄(青原惟信禪師)의 위대한 갈파에 다름 아니다.

山是山, 水是水
山不是山, 水不是水
山是水, 水是山
山是山, 水是水

- 青原惟信禪師, 全文

무한한 깊이를 지닌 青原惟信禪師의 위와 같은 존재론적 갈파는 노장이나 불교에서 말하는 해탈解脫의 의미를 간명하게 표상한 예다. 언뜻 트리비얼하기 짝이 없는 네마디 진술 전체에는 무한 깊이의 해탈解脫의 경지가 도사리고 있다.

처음 山是山, 水是水 즉, 山은 山이고와 끝행 山是山,

水是水의 의미는 외연外延(extension)만을 볼 때 동일하다. 그러나 그 내연內延(intension) 의미는 이 두 진술의 의미를 방대하게 다른 의미를 갖게 한다. 다시 말해 우리 육체적 눈에 보이는 山과 물은 두 경우가 동일하지만 청원선사靑原禪師의 현상학적 눈에는 그것들이 완전히 서로 다른 의미를 띄고 있다. 첫 행의 산과 물이 상식적인 눈으로 볼 때 산과 물인데 비하여 끝행의 산과 물은 완전 해탈의 차원에서 물질적으로는 동일한 산과 물이지만 의미상으로는, 즉 논리적으로 볼 때는 전혀 다른 산과 물이다. 첫 행의 차원이 끝 행의 차원으로 옮겨가는(昇進하는) 과정에는 2행과 3행이란 차원이 가로 놓여 있다. 첫 행의 차원에서 생각을 좀더 승진昇進시켜나갈 때 우리는 산과 물을 의심할 수 있게 된다. 이 점이 바로 2행의 차원이다. 첫 행에서 "산은 산이고 물은 물이었다고 믿었는데, 산은 산이 아니고 물은 물이 아니구나." 인 것이다. 이 2행에서 생각을 좀 더 심화시키면 3행(산은 물이고 물은 산으로 보이는데)의 차원에 이른다. 여기서 우리는 드디어 산과 물을 의심하는데 그치지 않고 산과 물을 바꿔서 볼 수 있다. 그리하여 다시 더 존재론적 사유를 끌고 가면 마침내 4행(산은 역시 산이고 물은 역시 물이로다.)의 경지에 이른다. 우리의 눈은 첫 행에서 4행까지 엄청나게 달라졌다. 이 동일하던 2개 항이 판이判異해졌다는 결언은 밝아졌다, 깨닫게 됐다는 뜻에 다름 아니다. 바로 장자莊子가 죽은 아내의 죽음 앞에서 삶에의 헛된 애착을 장구를 치며 유연자약한 노래를 부를 수 있었던 것에 다름 아니다. 노장의 이와같은 깨달아 해탈한 사상思想과 감정感情의 위일융합한 감수성은 엘리엇트가 모더니즘시 창작의 새 기치로 내건 이래 20세기를 풍미한 현대시 창작의 전가의 보도가 되었다. 松山詩(정인환 시)의 노장사상 미학화 구현은 이런 면에서 또한 동양 전통 사상의 현대화 작업에 크게 기여하고 있다 하겠다. 어포던스의 대국적大局的 시각이 바로 노장사상인 해탈解脫의 미학을 정인환의 시정신은 그의 이 제5시집 『소금꽃이 필 때면』 수록작품 도처에 유감없이 실천하고 있다는 뜻에 다름 아니거니와 가령,

물안개 속을 헤치며
저고리 품은 해풍에 젖어
차밭 이랑에 꽃으로 피어나네요

챙넓은 모자사이로 언듯언듯 비추는
반달 웃음을 광주리에 따 담고서

펄럭이는 명주폭을 붙잡고
살포시 긋자락에 소매자락이 넘실거려요.

-松山 정인환, 「다원茶園 미인」 全文

-라고 노래하고 있는 松山詩(정인환 시)의 노장 사상

구현의 미학 세계다. 아름다운 한 폭의 동양화폭에 담은 미인도美人圖가 아닐 수 없다. 이는 시인(정인환)의 미학관이기도 하다. 노장 사상에 근거한 미학관일 터이다. 이는 바로 노장 사상의 대답이 된다. 노장은 인간의 지락至樂을 이 세상에서 충분히 향수할 수 있다고 본다. 인간의 지락은 그 원인이 외부 조건에 있지 않고 우리들 자신의 내부, 우리들 자신의 생각에 달려있기 때문이다. 우리들 자신의 생각을 바꿈으로서 이루어진다. 천당이나 열반涅槃처럼 그에 속한 미적 가치는 딴 곳에서 찾아낼 수 있는 금지된 장소가 아니라 이 세상에서, 아니 우리들 자신의 마음 속에서 찾아낼 수 있을 뿐인 것이다. 참다운 존재〔美〕는 현상과 떨어져 있는 실체가 아니라 항상 그 자체가 실체요(시 「다원茶園 미인」 전체) 실체가 바로 현상이다. 노장은 이른바 플라톤적인 실체와 현상이란 두 존재가 사실은 2원론적으로 두 개 떨어져 있는 분간할 수 있는 존재가 아니라 똑 같은 하나의 감춰진 존재의 현현顯現을 의미할 뿐이라고 역설한다. 거듭 말해 실체와 현상은 동일한 하나로서의 존재의 은현隱顯과 같은 관계라는 것이다. 노자의 이른바 실체와 현상, 속세와 열반이 서로 갈라 놓을 수 없는 하나의 존재, 즉 티끌〔同基塵〕 먼지와 같은 것이라 한다. 티끌이라는, 광활무비한 우주 속 티끌도 하나의 전체적인 존재〔道〕이며 존재의 은현隱顯이다. 松山 정인환 시의 미학 원리라 할 수 있다. 이로써 나는 시인(정인환)의 자연〔존재론적 주체로서의 미학관까지〕과 미학이 서로 무한한 존재의 은현으로써 개화開花되는 자연스러운(인위가 아닌) 미학관까지 그의 인간 삶의 총체적 노장 사상 구현상을 살펴온 셈이다. 빼어난 텍스트로서의 높은 가치를 암시하고 있는 다원茶園 미인이 정인환 텍스트 미학 구현을 대표하는 현상 못지않게 주목을 요하는 텍스트군에 관심을 집중하는 바로써 다음과 같은 논지로써 척박하게나마 이 평설글의 대단원에 이를까 한다. 행수 넘버는 필자용이다.

①
고향산골로 돌아와
옛날 아버지가 살던데로 살고 싶다

농민 잡지 하나에 한복 한 벌도 준비하고
황토 오두막에 이엉을 새로 이고
텃밭에 오이 가지 토란도 심고
단수수로 울타리 삼아
뜰엔 햇볕도 바람도 욕심껏 들여놓고 살고 싶다
밤이면 초롱초롱한 별빛을 벗 삼아
예전에 어머니와 함께 걸었던
개울건너 산고개 넘어 꼬부랑 이십리
읍내장길을 떠올려 보고싶다

이제 잃어버린 계절도 다시 찾아
겨울밤이면 내 좋은 친구를 불러

아랫목 동동주와 동치미, 화롯불에 떡을 구워
조청을 바르며 삼태성이 서쪽으로
기울때까지 얘기하다 보면
팽나무가지에 걸린 연이 푸다닥 거리는 소리에
놀란 옆집 개 짖는 소리 들린다

어디서 오는지 새벽바람이 불고가나 보다

- 松山 정인환, 「고향 산골로 돌아와」 全文

②
원래 망둥이와 짱뚱어는
같은 종 한 뿌리였다.
강과 바다의 들물 날물 갯벌에
그렇게 살아왔다.
어쩌다가
너는 물 따라 살아가고
나는 갯벌에서 살게 되었네.
너는 물색을 닮고
나는 갯벌색을 닮았을 뿐인데
어찌하여
너는 코가 잘생겨 문절망둑이 되고
나는 눈이 튀어나와 말뚝 마랑쇠가 되었나.

하얀거품을 내며 너희들이
밀어올리는 밀물에 한바탕 잔치를 벌리고 나면
물빠진 영토를 우리들은
쓸고 닦으며 만남의 날을
준비하는 슬픈 역사의 종족이여.

- 松山 정인환, 「망둥이와 짱뚱이」 全文

③
병원에 입원을 하고서야 스스로를 보게 된다.
사람이 그립고 추억이 그립고
창밖이 그리워진다

새는 아침에 날아와 늘 그러듯이
그 나뭇가지에서 울어줄 때
가장 아름답다

꽃은 새벽이슬을 머금고
함초롬이 피어날 때
가장 예쁘다
병실밖에 한 마리의 새와
한 송이 꽃을 바라보면서
사랑과 행복을 그려본다.

- 松山 정인환, 「병실에서」 全文

이상 ①, ②, ③ 세 텍스트의 병치 나열은 松山 정인환 노장시의 미학 구현이 취급하고 있는 자연 친화력이 강고한 제재군의 다양한 대표적 양태별로 살피기 위한 소치다. ①은 흔치 않은 귀거래사歸去來辭다. 이와같은 도시에서의 타관 생활을 접고 그것도 정든 고향 자연 친화의 생활에 돌아와 노장老莊의 해탈解脫, 전원생활의 유유자적한 삶을 영위하는 귀거래사야 말로 쉽사리 이루어질 수 없는 이상향일 터이다. 그것도 松山처럼 자연 친화의 노장 사상을 구현하는 시인으로서는 적잖이 선망의 존재감이 드러나 보이는 경우다. 이는 시인만의 어떤 환경 조건에 맞아 떨어진 이른바 노장주의 운명 소관이 아닌 무위자연 사상을 끊임없이 추구해온 시인(松山 정인환)의 사상적思想的 귀거래사 정신이 필연적으로 초래한 문화적 귀결이며 자연을 억압하지 않는 문사로서의 무위자연 생활 태도가 불러온 진정성의 문화의식 생활화 소산일 터이다. 문화란 자연의 왜곡이 아니라 정인환 시정신의 존재론적 자연 존중에서 비롯되는 차원의 소산이다. 하이데거가 말하는 자연의 도구화道具化가 아닌 반反주한덴Zuhdnden의 인간 태도가 선사하는 자연의 선물이다. 정인환의 예시 「고향 산골로 돌아와」는 그래서 노자가 말하는 "지부지상 부지지병知不知上 不知知病, 즉 알면서도 알지 못하는 것이 제일이고, 알지 못하면서도 안다하는 것은 병이라 했고, 장자莊子는 자연과 합하면 언어의 유희를 초월한다는 즉 지언至言은 말을 버린다고 선언하였다. 송산예시松山例詩 ①은 성공적인 귀거래사에 속한다.

예시 ②는 물고기 망둥이와 짱뚱어 생김새와 생태를 비교하면서 그 쌔타이어는 인간의 그것을 희화하는 어조를 보인다. 후말행에 보이는 '슬픈 역사' 에 으스스한 우리 삶과 영토를 생각하게 하는 신랄함도 있으나 현실에 가하는 신랄성은 그다지 강렬한 느낌은 없다. 이 텍스트의 이와같은 주제를 포함해서 송산 정인환 노장시 미학은 그 래디칼리즘(Radicalism, 급진주의)의 신랄성이 반감되어 있는 것은 미학의 온건주의 소치일 것이다. 그리고 예시③이 보이고 있는 인간의 자연 앞에 경건해지는 모습이야 말로 우리가 자연 정복에서 얻는 이득은 너무나도 먼지와 같은 것임을 자성케하는 참회록이다. 예시③과 같은 자연 앞에 경건해지는 바는 저 18세기 이래 루소나 뉴튼, 노장으로부터 끊임없이 우리 인간이 실천하고 배워오는 경험이지만 인간 욕망을 삼제할 수 없는 우리의 무의식적 신뢰감이 문제다. 배암의 비늘이나 매미의 날개처럼 무의식적인 작동과 같은 우리 인간 무의식의 불가지성 은현이야말로 마魔의 만트라(mantrap, 陷穽)임이 분명하다. 이를 극복하기위해서도 송산 시인(정인환)의 예시③「병실에서」와 같은 아름다운 자성의 참회시는 긴요하다 하겠다. 이와같은 배암의 비늘처럼 우리 눈앞을 어지럽히는 만트라 앞에 은현성의 몸서리치는 우리에게 다음과 같은 아름다운 자성의 시는 정인환 노장시 미학권에 적잖이 축적되어 있음도 간과하기 힘들다.

①
살아 가는가 남자로
나누웠는가 세상과

도전하는가 운명에
자유로운가 진리에

- 송산 정인환, 「나는」 全文

②
고두밥 한 바가지 누룩 한 사발
꼭 껴안고 아랫목에 이불 뒤집어 쓰고
드러누워 있었으면 좋겠다.

사나흘 부글부글 괴어올라
동동주나 될거나

내 말만 들으면 취하고 쓰러지고
홍이나서 헐레벌레 춤도 추게 했으면 좋겠다.

- 송산 정인환, 「동동주」 全文

③
믿음으로 순종하는 것을 게을리 한 채
마땅히 해야 할 일들
그냥 떠넘겨 왔습니다.
지켜야 할 자리도 몰라라 했고
핑계도 숨은 곳도 많았지요
지난 잘못 다시 저지른 죄
징벌로 달게 받겠습니다.

- 송산 정인환, 「반성문」 全文

이와같은 ①, ②, ③과 같은 송산 정인환 시의 삶의 반성적 스턴스(stance)가 저 앞 예시 ①의 귀거래사가 미래형 원망사든 현재 진행형이든 무관하게 시인(정인환)의 현실이건 아니건 그것은 정인환 시인이면 충분히 누릴만한 일이다. 제4시집의 자연친화 시정신이 그것을 남김없이 표상해 주고, 이번 제5시집의 노장 사상 구현이 너무나 우리에게 시인의 시정신의 그러한 인생관, 우주관과의 농밀한 접합 세계를 실감시켜주는 시세계로 집약되고 있음을 보여주고 있어서이다. 그러므로 예시 ①의 자아성찰과 ②의 해탈의 경지 ③의 배암의 껍질같이 현란한 만트라의 은현성에 매혹당한 자성의 시들은 그 미학의 아름다움을 넘어서 이제 우리에게 시인(정인환)의 노장시 미학이 구현해 보일 수 있는 이 시집 전반적인 '자연과 인간 합일의 패러다임 승인' 으로서의 텍스트 완결이라는 '송산표松山標' 브랜드 부착이 완결되었다. 나는 여기 그 피날레 한마디를 선언해 둔다. 나도 모르는 새 나의 노안 깊숙이 물기가 서림은 이제 십수년 전 송산 제4시집(들꽃시선 96)『외딴집 수채화』에 보인 자연친화 에코토피아 서술시 정신 이후 드디어 그 자연스러운 적자嫡子 탄생으로서의 '노장사상 미학 구현' 인 이 제5시집 『소금꽃이 필 때면』은 참으로 천륜天倫이 아닌가, 아니 노장 사상의 도그마인 해탈解脫로서의 천명天命〔운명적 삶〕이 아닌가 나 또한 노장 사상 감염자로 자처하게된 뜨거운 감루를 금치 못한다. 더불어 함께 시인(정인환)의 독자들 또한 뜨거운 감루가 고여내릴 감동적인 텍스트를 하염없이 들춰보면서 논의를 그치려 한다.

①
한 필의 베처럼 짜왔던 인생
마지막 가는 길이 어둠으로
희미하게 저물어 갑니다.

아무것도 손에 들려져 있는 것은 없고
누구도 동행하는 이 없이
혼자서 갑니다.

당신이 걸어 왔던 길이
흔적으로만 남겨 있을 뿐
더 갈 길이 여기가 끝인가 봅니다.
좋아하고 사랑했던 그 모든 것들
뒤안길에 묻어 놓고
누우런 옷 한 벌로 떠나가는군요.

- 송산 정인환, 「전송」 全文

②
해돋는 동산의 소나무와
달뜨는 언덕의 대나무가
서로 만나 강촌을 이루어
봄. 여름. 가을
그리고 겨울을 짜가면서
이슬이 서리되고 비가 눈이 돼도
변치 않는 청송이여
쌍무지개 띄어놓고 지평을 열어
합가 하시던 날 땅 속의 흙도3색으로 빛났다.

- 송산 정인환, 「이장하던 날」 全文

시①은 송산松山(정인환) 시 콘텍스트 장례葬禮다. 너무도 호상인 예장 몌별사袂別詞다. 눈물 젖은 옷소매 잡은 "누우런 옷 한 벌로 떠나가는 이"는 말이 없지만 떠나 보내는 이가 저리도 담담할 수 있으랴 싶게 이 시는 노장사상老莊思想의 절정이다. 해탈解脫과 초월은 노장사상의 키워드다. 마음 속에 터럭 하나의 미혹도 없는 밝고 맑은 무위無爲의 세계가 우리 마음일 때 우리는 배암의 껍질처럼 혼란한 현실의 만트라(함정)를 능히 해소할 수 있음을 송산시松山詩(정인환 시)는 제5시집 『소금꽃이 필 때면』에 소담스럽게 언어의 꽃(시)으로 활짝 피워 놓고 있다. 예시 ②의 「이장하던 날」이야 말로 송산시(정인환 노장시)가 후말 3개 라인에 표상하고 있는 모더니즘시(엘리엇트의 사상思想과 감정感情의 통합된 감수성 미학 구현) 미학 구현의 시정신이 또한 소금꽃처럼 무에서 유를 창출해 내는 현현미顯現美의 활짝 만개滿開한 모습임을 우리는 영영 잊지 못할 포에틱스미학이라 생각될 것이리라 믿어 의심치 않는 바이다. ■

- 2016, 서울 마포 삼개나루 수당헌樹堂軒에서

| 후기 |

사물과의 은밀한 관계를 찾아

정인환 | 시인

| 후기 |

사물과의 은밀한 관계를 찾아

만일 세상에 시가 없다면 지구에 태양만 있고 달과 별이 없는 것과 같이 이 세상에 남자만 사는 것과 같을 것이다.

우리 인간은 몸 안에 알게 모르게 시적인 감성을 갖고 있다고 본다. 그래서 시인은 모든 사람에게 잠자고 있는 감성을 일깨워 주기 위해서 노력하고 있을 것이다.

크게는 인류의 환경과 인간의 삶에 대상이나 사물과의 은밀한 관계를 찾아 미지의 세계를 탐구해 가기도 한다. 때로는 깊이깊이 묻힌 천년 묵은 비밀을 캐어내어 잠자는 영혼을 흔들어 깨우기도 한다.

시간과 공간 속에서 인간이 공유 공존의 매개체를 노래와 그림으로 표현하기도 하고 그들이 존재하는 이유와 원인이 무엇인지 비밀의 메시지를 들어 번역하여 전하는 전도사 역할을 하는 것이다.

바람이 불어 가고 물이 흘러가면서 세상을 일구어가는 대역사와 그 속에서 시가 만들어지고 있다는 것을 알았다.

아직 서투른 통역이지만 필로를 따라 받아 적어본 기록을 세상에 내놓는다. 그래서 제5집은 애벌레가 고치를 만들고 이제 부화하여 날아오르는 모습일지도 모른다.

이번 저의 시집 출간에 추천사를 보내 주신 하윤수 한국교총 회장님과 시에 대한 평설을 올려주신 이철호 중앙일보 논설주간님께 깊은 감사를 드립니다.

아울러 해설을 해 주신 이수화 한국문학비평가협회 회장님께 고맙다는 말씀을 드립니다. 이 시집이 나오기까지 도와주신 배일환 제일문구 사장님과 문창길 도서출판 들꽃 사장님, 그리고 편집출판 관계자 여러분께 감사를 드립니다.

2016. 12.

저자 松山 정인환